René Mullin is a printmaker who lives in Belfast with her husband and three children. Learning Irish is a really fun ongoing project for René. She incorpora Irish words into her printmaking: once sł has printed them lots of times on her cards, wrapping papers and tea towels, she knows them for ever.

Is déantóir priontaí Éireannach í René Mullin atá lonnaithe i mBéal Feirste, áit a gcónaíonn sí lena fear céile agus triúr páistí. Baineann René sult as an Ghaeilge a fhoghlaim ar bhonn leanúnach. Úsáideann sí focail Ghaeilge ina cuid priontaí agus nuair atá na focail curtha aici ar an iliomad cártaí, páipéar beartán, taetuáillí agus anois ar leabhar, bíonn siad ar eolas aici go deo.

Do Patti, Luella agus Francis

First published in 2013 by
Blackstaff Press
4D Weavers Court
Linfield Road
Belfast BT12 5GH

Arna fhoilsiú den chéad uair i 2013 ag
Blackstaff Press
4D Páirc Gnó Weavers Court
Bóthar Linfield
Béal Feirste BT12 5GH

With the assistance of
The Arts Council of Northern Ireland
Le cúnamh ó Chomhairle
Ealaíon Thuaisceart Éireann

Printed in the Czech Republic by Finidr
Curtha i gcló ag Finidr i bPoblacht na Seice

A CIP catalogue for this book is available from the British Library.
Tá taifead catalóige CIP don leabhar seo ar fáil ó Leabharlann
na Breataine.

ISBN 978 0 85640 917 2

www.blackstaffpress.com
www.placed.ie

Supported by
The National Lottery®
through the Arts Council of Northern Ireland

aibítir

rené mullin

BLACKSTAFF PRESS

a

asal

b

bróg

C

crann

d

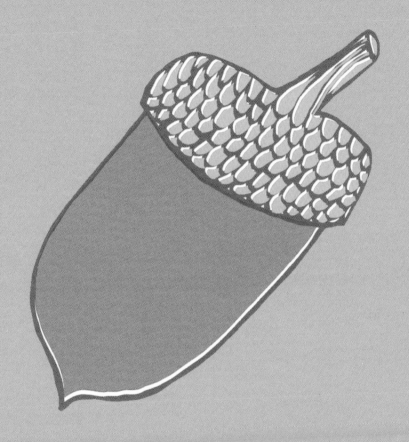

dearcán

e

éan

f

fia

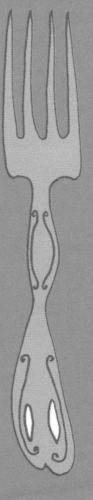

gabhlóg

h

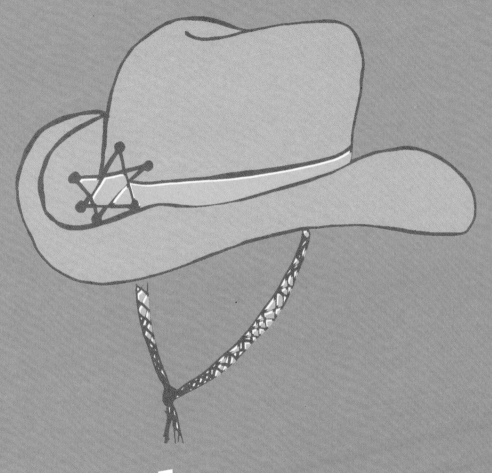

hata

iora

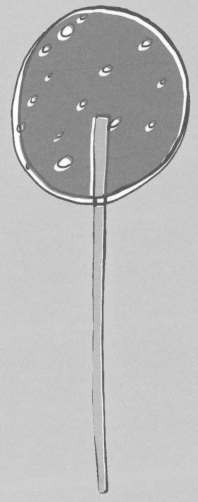

líreacán

m

madra

n

nead

olann

p

péacóg

r

rothar

S

scamall

t

teach

u